Impressum

Herausgeber und Verlag:
Verlag Anton Plenk
Koch-Sternfeld-Straße 5 · 83471 Berchtesgaden
Telefon: 0 86 52/44 74 · Telefax: 0 86 52/6 62 77
E-Mail: Plenk-Verlag@t-online.de
http://www.Plenk-Verlag.com

Fotos: Werner Mittermeier
Text: Albert Hirschbichler

Lektorat:
Stefanie Zweckl, Bischofswiesen

Satz und Layout:
GL-Werbestudio, Grassl & Lage, Berchtesgaden

Lithografie:
Scan-Litho Gerhard Huber, Berchtesgaden
GL-Werbestudio, Grassl & Lage, Berchtesgaden

Druck/Gesamtherstellung:
Druckerei A. Plenk KG, Berchtesgaden

Gedruckt auf Galaxi Brillant, 170 g/qm. Exklusiv von Papier Union.

1. Auflage – Frühjahr 2006

Bibliografische Information der Deutschen Bibliothek:
Die Deutsche Bibliothek verzeichnet diese Publikation in der Deutschen Nationalbibliografie;
detaillierte bibliografische Daten sind im Internet unter http://dnb.ddb.de abrufbar.
ISBN 3-927957-86-0
Alle Angaben in diesem Buch wurden verantwortungsbewusst und mit Sorgfalt zusammengestellt.
Politische Grenzen blieben unberücksichtigt.
Jede Reproduktion, auch nur teilweise, in Bezug auf Fotos, Texte und grafische Gestaltung,
in welcher Form auch immer, ist verboten.

Nachdruck oder Kopien, auch auszugsweise, verboten.

Werner Mittermeier · Albert Hirschbichler

Chiemgau
und
Berchtesgadener Land

Inhalt

Ein zauberhaftes Ferienland	6
Deutsche Alpenstraße	14
Chiemgau – Chiemgauer Alpen	24
Herrenchiemsee	28
Frauenchiemsee	34
Rund um den See	38
Seebruck	44
Chieming	54
Die Chiemgauer Alpen	56
Reit im Winkl	63
Ruhpolding	70
Inzell	76
Traunstein	78
Berchtesgadener Land	84
Bad Reichenhall	84
Berchtesgaden	90
Berchtesgadener Alpen	97
Der Watzmann	97
Königssee	100

Ein zauberhaftes Ferienland

Viele Dichter haben diesen bezaubernden Landstrich beschrieben und besungen. Ein Heer von Malern hat ihn in allen Farben und Stimmungen auf Öl- und Aquarellbildern festgehalten. Sein Mittelpunkt ist der Chiemsee, dessen großer weißblauer Wasserspiegel ihm die Bezeichnung „Bayrisches Meer" eingebracht hat. Zwischen den Alpen und dem sanften Hügelland eingebettet, ist seinen Ufern ein mildes, man kann wirklich sagen ein begünstigtes Klima beschieden. Zwei Wochen früher als zum Beispiel im Tegernseer Tal hält der Frühling rund um den Chiemsee Einzug. Wenn sich dann das Gelb der Forsythien im See spiegelt und zum Weiß der schneebedeckten Berge kontrastiert, liegt ein unvergesslicher Zauber in der Luft. Frühlingsboten wie Schneeglöckchen, Märzenbecher und Krokusse verwandeln die zartgrünen Wiesen in bunte Teppiche. Das fröhliche Hochzeitslied der Amsel und der übrigen Singvögel, die aus ihrem Winterquartier heimgekehrt sind, klingt wie ein Flötenkonzert und erfreut unser Ohr. Die zarten Klänge und süßen Düfte, die der Frühling für uns bereithält, verscheuchen alle düsteren Gedanken, die sich in der dunklen Jahreszeit in uns angesammelt haben.

Frühling und Sommer gehen unmerklich ineinander über. Magnolien, Kirsch- und Apfelblüten reichen sich die Hände. Wer sich nicht beeilt, wird die dunkelblauen Blüten des Stängellosen Enzians auf den Almwiesen verpassen, weil es so viel Neues zu sehen und zu entdecken gibt. Dann möchte man überall gleichzeitig sein, am Wasser, in der Filze, so nennt man hier das Moor, und auf den Bergen. Der sich in die Höhen zurückziehende Schnee macht den zarten Blüten Platz, die den Wassersegen lieben und auf wundersame Weise zu sprießen beginnen. Wenn Meter um Meter Schnee schmilzt und die Erde sich volltrinkt, werden Würzelchen, Zwiebeln und Knollen aktiviert, aus denen die herrlichsten Blüten hervorkommen. Zart wie ein Hauch sind die violetten Glöckchen der Soldanellen mit ihren dünnen, roten Stängelchen. Sie halten dem Frost stand, der in Höhen um tausend Meter noch im April und Mai in den Nächten vorkommen kann. Dann blicken uns auch die großen, leuchtenden Blüten der Schneerosen an und die Krokusse treiben ihre zarten Blüten durch den noch winterkalten Boden.

Wenn Buchen und Eichen ihre Blätter voll entfaltet haben und der mächtige Bergahorn in frischem Grün erstrahlt, denken die Bauern auch daran, ihre Kühe und Kälber auf die Almen zu treiben. Das „gen Alm fahren", wie man früher sagte, hat sich aber grundlegend verändert, die Technik macht nirgends halt. Für unsere Vorfahren war das eine zeit- und arbeitsaufwändige Angelegenheit. Aber auch ein wichtiger Jahresabschnitt. Für den Senner oder die Sennerin war das ganz bestimmt eine freudige Zeit trotz der vielen harten Arbeit, der Gefahren, der Sorge und Verantwortung für das Vieh. Man war viel mit dem Melken und der Milchverarbeitung beschäftigt. Auf jeder Alm wurde früher Käse gemacht. Heute wird fast ausschließlich Jungvieh auf die Alm gebracht, das nicht gemolken wird. Und zudem gehört es fast der Vergangenheit an, die Tiere zu Fuß aufzutreiben.

Der Bergwanderer, der von Alm zu Alm schlendert, hat auf jeden Fall seine Freude am Klang der Kuhglocken. Was er aber vielfach vermissen wird, sind die hübschen Sennerinnen oder auch Senner, von denen er sich gern ein Glas frischer Alpen-

Rechte Seite:
Am Chiemsee
bei Breitbrunn

Die Holzschindeln auf den Almhütten werden seit jeher mit Steinen beschwert

Rechte Seite: Nebel über dem Tal der Tiroler Ache

milch kredenzen ließe. Nicht selten sind die Almhütten verschlossen und weit und breit sieht man keine Menschenseele. Personal ist heutzutage teuer. Man richtet es sich so ein, dass der Bauer oder die Bäuerin einmal am Tag mit dem Geländewagen auf die Alm fährt und nach dem Rechten sieht. Während der übrigen Zeit sind die Tiere sich selbst überlassen.

Für den Feriengast im Chiemgau ist Bergwandern ein begehrter Zeitvertreib. An sonnigen, heißen Tagen denkt vielleicht mancher Urlauber, sich nicht auf einen Berg hinaufzuquälen. Für Leute, die aus einer flachen Landschaft kommen, sei allerdings gesagt, dass es auf den Bergen gar nicht so unerträglich heiß ist. Pro hundert Höhenmeter verringert sich die Temperatur bei normalem Sommerwetter um ein Grad Celsius. Wenn zum Beispiel die Mittagstemperatur in Grassau 30° beträgt, können wir 1200 m höher, am Gipfel des Hochgern (1748 m), mit kühlen 18° rechnen. Deshalb gehört auch im Sommer eine Jacke oder ein Pullover unbedingt zur Standardausrüstung in unseren Rucksack.

Die Berge sind bei jeder Jahreszeit schön, egal ob sie gleißender Schnee bedeckt, der uns auf schnellen Brettern zu Tal sausen lässt, oder ob sie uns mit ihrer bunten Blütenpracht erfreuen. Doch eines ist sicher, die Hochsaison für Bergsteiger und Wanderer beginnt im September. Der Herbst ist die große Zeit, um die Sonne auf den Höhen zu genießen. Im Spätherbst trifft die Re-

Rechte Seite:
Gipfel der Kampenwand, 1668 m

Nächste Doppelseite:
Im Tal der Tiroler Ache

Bergbauernhof

gel, dass die Temperatur mit der Höhe abnimmt, nicht immer zu. In den Bergen kommt es dann häufig vor, dass in Hochlagen die Luft um einige Grade wärmer ist als im Tal. Der Chiemsee hat dann seine berühmten Nebeltage. Der gesamte See liegt unter einer dichten Nebeldecke, die aber nur fünfzig, hundert, oder zweihundert Meter dick ist. Dieser unangenehme, feuchtkalte Nebel ist im Chiemgau kein unüberwindliches Problem. Mit dem Auto ist man schnell am Fuß eines Berges: Hochgern, Hochplatte oder Geigelstein, Hörndlwand oder Sonntagshorn. Meist erfordert es nur einige beherzte Schritte und wir treten in die warme Sonne hinaus. Zudem haben wir im Chiemgau eine ganze Reihe schöner Gipfel, die mit einer Seilbahn erschlossen sind. Die bekanntesten davon sind zweifellos die Kampenwand, die von Hohenaschau aus mit einer Seilbahn zu erreichen ist, und der Hochfelln, auf den eine Kabinenbahn in zwei Etappen hinaufführt, deren Talstation in Bergen steht. Im Westen, zum Inntal hin, wäre auch noch die Hochries zu erwähnen. Dazu fährt man mit dem Auto oder Linienbus bis Grainbach am Samerberg, wo man die Seilbahn besteigt. Es erfordert also nur Minuten, um aus dem kalten Nebel in die gleißende Sonne zu gelangen.

Was den Herbst zur begehrten Zeit für Bergtouren macht, ist die klare Sicht in dieser Jahreszeit. Am Nordrand der Alpen gibt es dann noch ein Phänomen, das für uns Bergsteiger von enormer Bedeutung ist: den Föhn. Dieser Fallwind, der aus dem Süden über den Hauptkamm der Alpen streicht, bereitet uns am nördlichen Alpenrand ein großartiges Wetter mit klarer Luft. Die Fernsicht ist dann enorm. Im Westen kann man die Zugspitze und im Osten den Dachstein mit freiem Auge erkennen. Was besonders ins Gewicht fällt, wenn wir den Oktober als schönsten Bergmonat einreihen, ist die Farbenpracht der Wälder bis hinauf zur Baumgrenze. Bergahorn und Buchen bringen ihre Kronen in lichtem Gelb und kräftigen Kupfertönen zum Leuchten. Die Schockfarben der Natur werden noch verstärkt, wenn die Gipfel bereits vom ersten Schnee angezuckert sind. Solch geschenkte Tage wird man nie mehr vergessen. Bei mir rufen sie auch ein Gefühl der Dankbarkeit hervor.

An der Deutschen Alpenstraße

Deutsche Alpenstraße

Deutschlands älteste Ferienstraße

Die sogenannte Deutsche Alpenstraße verbindet Lindau im Bodensee mit Berchtesgaden im äußersten Südosten des Freistaates Bayern. Nicht weniger als 21 malerische Seen, 25 Burgen und Schlösser sowie 64 Kurorte liegen am Weg.

Gern wird die Entstehung des Projekts mit den Nationalsozialisten in Zusammenhang gebracht, was nicht ganz richtig ist: Zwar erhielt das Bauvorhaben während des Dritten Reiches einige starke Impulse, der Ursprung der Idee und die Anfänge der Verwirklichung aber reichen bis in die Zeit nach dem Ersten Weltkrieg zurück. Zunächst dachte man an den Ausbau einer alpinen Wanderroute zwischen Bodensee und Königssee, die sich jedoch mit dem Aufkommen des Automobilverkehrs bald zu einer Autostraßenplanung umwandelte. Aus Geldmangel verband man fürs Erste bereits vorhandene Straßenzüge, darauf vertrauend, dass daraus irgendwann die Traumstraße durch die deutschen Alpen erwachsen würde. Der Zweite Weltkrieg brachte ganz andere Probleme und das Projekt wurde längere Zeit nicht weiterverfolgt. Auch der wirtschaftliche Boom der Nachkriegsjahre führte nicht vorrangig zu weiterem Ausbau. Danach kam der Umweltschutzgedanke zum Tragen, und so führt die Deutsche Alpenstraße bis heute als Stückwerk am Nordrand der Alpen entlang, zum Teil auf Bundes- und Landstraßen und mit einigen Lücken, die man auf Umwegen überbrücken muss. Nicht alles ist gut ausgebaut und die Straßennummern sind keineswegs einheitlich, was aber niemand weiter stört. Unbehaglich stimmt vielmehr die Vorstellung, die Alpenstraße wäre von Lindau bis Berchtesgaden als durchgehendes Band großzügig ausgebaut, vielleicht mehrspurig, und würde als deutsche Renommierstrecke Autokolonnen aus aller Herren Länder anziehen. Das Fragmentarische der Alpenstraße braucht nicht mehr geändert zu werden. Kaum jemand wird außerdem die 460 Kilometer lange Strecke im Stück befahren wollen. Viel mehr wird einer davon haben, wenn er für Kurzausflüge die schönsten Teilstücke wie Rosinen aus dem Kuchen herauspickt oder zumindest die Strecke in überschaubare Tagesetappen zerlegt. Nicht selten liegen kulturelle Sehenswürdigkeiten am Weg oder es bieten sich Abzweigungen und Nebenstrecken an, die zu befahren sich lohnt, auch wenn einmal eine kleine Mautgebühr fällig werden sollte.

Der Königsbach – ein Zufluss des Königssees

Nächste Doppelseite: Ramsau bei Berchtesgaden – einer der schönsten Abschnitte der Deutschen Alpenstraße

Frühlingsknotenblumen

Verlauf

Ganz unauffällig beginnt die Straße in der Ortschaft Rothkreuz bei Lindau, ihr Ende findet sie ebenso unauffällig am Grenzübergang Hangendenstein kurz hinter Marktschellenberg im Berchtesgadener Land. Mit dem Oberjoch (1180 m) im Allgäu und dem Sudelfeld (1097 m) erklimmt sie zwar keine alpinen Rekordhöhen, aber doch ganz ansehnliche Pässe, die schöne Einblicke ins Umland und in die umliegenden Berge bis zu den Dreitausendern der Zentralalpen gewähren. Die schönsten und eindrucksvollsten Abschnitte sind außerdem die Auffahrt durch das „Paradies" nach Oberstaufen, die Strecken um Hindelang und Oberjoch, die Teilstücke zwischen Garmisch-Partenkirchen und dem Tegernsee (besonders die Variante Wallgau-Vorderriss), sowie die bestens ausgebaute Strecke durch das Naturschutzgebiet Chiemgauer Alpen hinter Reit im Winkl. Ein Drittel der Deutschen Alpenstraße führt durch das bayerische Schwaben. Im Lechtal bei Füssen überschreitet sie die Grenze zu Oberbayern. Östlich von Füssen mit seinem seenreichen Umland verwehren die Ammergauer Alpen, mit 276 km2 Deutschlands größtes Naturschutzgebiet, die Durchfahrt. Zwei Strecken bieten sich für die Umfahrung an: von Füssen über Steingaden, Eschelsbacher Brücke, Saulgrub, Oberammergau, Linderhof (60 km) oder die südliche Variante durch österreichisches Gebiet über Reutte, Plansee, Ammersattel nach Linderhof (40 km). Landschaftlich interessanter ist die kürzere Süd-Variante, doch verzichtet man bei ihr auf höchst sehenswerte kulturelle Ziele wie Steingaden, die Wieskirche oder Rottenbuch. Am Königsschloss Linderhof beginnt der Ostabschnitt der Alpenstraße. Durch das Graswangtal zieht sie ostwärts bis

Simssee mit Wendelstein und Breitenstein. Der Simssee ist einer der zahlreichen Seen im Rosenheimer Land.

Jede Jahreszeit hat ihren Reiz. Das Angebot der Natur ist unerschöpflich. Jeder Tag ist ein Geschenk Gottes, für das wir tiefempfundene Wertschätzung bekunden.

Rechte Seite: Bernau am Chiemsee liegt auch an der Deutschen Alpenstraße. Das Bild zeigt den „Alten Wirt" und die Pfarrkirche.

Die blauen Kornblumen sind eine Seltenheit geworden

zur Einmündung in die B 23 drei Kilometer südlich von Oberammergau und vorbei am Kloster Ettal jenseits des Ettaler Sattels kurven- und aussichtsreich hinab ins Loisachtal. Einige Kilometer südlich liegt mit Garmisch-Partenkirchen einer der profiliertesten Fremdenverkehrsorte Bayerns, von wo aus Deutschlands höchster Berg, die Zugspitze, bequem mit der Zahnradbahn erreicht werden kann. Weiter geht es nach Osten durch das Kankertal, die nördliche Begrenzung der Wettersteinberge. Bei Klais gelangt man ins trogartig erweiterte Tal der oberen Isar. Für einen (obligatorischen) Abstecher nach Mittenwald, den Ort der Geigenbauer und Lüftlmaler, empfiehlt sich die kleine gewundene Nebenstraße von Klais aus.

Auf der hervorragend ausgebauten E 533 gelangt man dann über Krün nach Wallgau. Dort ist die Alpenstraße abermals unterbrochen. Statt des Umweges über Kochel und Bad Tölz setze man die Fahrt auf der schmalen, landschaftlich besonders reizvollen Mautstraße am Rand des kieserfüllten Isarbettes fort. Nach 15 Kilometern gelangt man bei Vorderiß (hier wiederum ist ein Abstecher in den Talboden der Eng mit dem Großen Ahornboden unbedingt empfehlenswert) zum nächsten Teilstück der Alpenstraße. Die Schauszenerie entlang des Sylvenstein-Speichers stellt einen Höhepunkt der gesamten Strecke dar. Über den wenig markanten Achenpass (940 m) kommt man ins wiesenreiche Tal der Weißach und, vorbei an so berühmten Örtlichkeiten wie Wildbad Kreuth und Kreuth, nach Rottach-Egern und zum Tegernsee. Ruhiger als in diesen vom Nobel- und Kurtourismus geprägten Ortschaften geht es dann in Schliersee, Fischbachau und Bayrischzell zu, wo eine Auffahrt mit der Seilbahn zum Wendelstein (1838 m), dem „Bayerischen Rigi", nicht versäumt werden sollte. Reizvolle Ausblikke bietet die anschließende Sudelfeldstraße, die allerdings beim Tatzelwurm endet.

Zwei Varianten bieten sich an: die nördliche führt über eine Mautstraße nach Brannenburg und auf der A 93 (Inntalautobahn) und A 8 (Autobahn München-Salzburg) nach Bernau am Chiemsee. Die südliche, lohnendere, führt gebührenfrei nach Oberaudorf, kurz über österreichisches Gebiet, bei Sachrang wieder über die Grenze, und durch das Priental über Aschau ebenfalls nach Bernau.

Am Rand der großen Chiemseeniederung geht es weiter auf der Alpenstraße nach Grassau und entlang der Tiroler Ache bis Marquartstein, von wo man über Unterwössen nach einigen ansteigenden Kilometern zum renommierten Ferienort Reit

Rechte Seite: Der Chiemsee wird auch als „Bayerisches Meer" bezeichnet. Er liegt wunderschön unmittelbar am Rand der Alpen.

im Winkl gelangt. Das folgende, bestens ausgebaute Teilstück durch das Naturschutzgebiet Chiemgauer Alpen mit seinen naturbelassenen Seen (Weit-, Mitter-, Löden- und Forchensee) und Wäldern gehört zu den reizvollsten des gesamten Straßenprojekts. Ruhpolding und Inzell werden an den Ortsrändern berührt, dann folgt mit der Weißbachschlucht schon ein weiterer Höhepunkt: Hoch über dem Schluchtgrund, mit Ausblick auf urnatürliche Landschaften, wurde die kurvenreiche Straße aufwändig aus dem Fels gesprengt. Bei Schneizlreuth gelangt man ins Saalachtal, das nur eine kurze Wegstrecke in Richtung Bad Reichenhall verfolgt wird, bis man, wenige Kilometer vor der berühmten Salz- und Kurstadt, in Jettenberg nach rechts abzweigt zur Schwarzbachwacht. Die Steigung zur Passhöhe (870 m) ist die letzte vor dem Berchtesgadener Talkessel. Oben angekommen behindert zunächst dichter Wald die Aussicht, als ob die Berchtesgadener Berge es besonders spannend machen wollten. Nach wenigen hundert Metern jedoch führt die Straße aus dem Wald heraus, und ganz unvermittelt eröffnet sich dem Blick ein großartiges Hochgebirgspanorama: direkt vor einem liegt der schroffe Hochkalter mit dem nördlichsten Gletscher der Alpen, dem Blaueis, weiter drüben der Watzmann mit seiner massigen Westflanke. Über wiesenreiches, sanft coupiertes Gelände zieht die Straße in Richtung des Ramsauer Tales hinab. In dieser Umgebung nur die kürzeste Strecke bis zum Ende der Deutschen Alpenstraße zu befahren, wäre für diesen Erdenwinkel beinahe eine Beleidigung. Die schönsten Abstecher führen zum nahen Hintersee, zum Königssee, nach Maria Gern am Fuße des Untersberges sowie zur Rossfeld-Höhenringstraße.

Chiemgau – Chiemgauer Alpen

Die Landschaft bei Bernau mit dem Chiemsee

Die weite Landschaft um den Chiemsee, die im Westen vom Inn, im Osten von der Traun, im Süden vom Gebirge und im Norden von einer nicht näher bestimmbaren Linie auf der Höhe von etwa Wasserburg – Trostberg begrenzt wird, ist seit dem 8. Jahrhundert als Chiemgau fassbar. Zuvor schon siedelten die Kelten in dem Gebiet und bauten die Römer eine Straße. Die Benennung geht zurück auf den 744 urkundlich erwähnten Siedler „Chiemmi", dessen Behausungen, heute Chieming, zunächst dem dortigen Seeteil, dann dem ganzen See und schließlich dem ganzen Gau den Namen gaben. Der Chiemgau ist den Landkreisen Rosenheim und Traunstein zugehörig, Mittelpunkt ist der Chiemsee, das „Bayerische Meer".

Mit einer Fläche von 80 km2 und einer Tiefe bis 73 Meter ist der 518 Meter hoch gelegene See der größte in Bayern. Er wäre noch größer, hätte man nicht im 19. Jahrhundert den Seespiegel durch Eintiefung der abfließenden Alz bei Seebruck abgesenkt. Auf alten Karten liegen z.B. Grabenstätt und Winkl noch unmittelbar am Seeufer.

Seine Entstehung verdankt der See dem gegen Ende der letzten Eiszeit vor ca. 15 000 Jahren abschmelzenden großen Chiemseegletscher. Außer dem Chiemseebecken formten die Eiszeitgletscher noch weitere Vertiefungen, in denen später stimmungsvolle Seen entstanden, so der Waginger See, der Simssee, die Seenplatten von Eggstätt-Hemhof und Seeon sowie manche Gebirgsseen. Bis zu 500 Meter hoch lag das Eis, das riesige Mengen Gesteinsmaterial mit sich führte. Wo das Eis abschmolz, blieben Berge von Schotter liegen. Es entstanden ganze Hügelketten aus

Moränen, die – gut sichtbar z. B. um Bernau und Frasdorf – heute noch das Landschaftsbild prägen. Am Chiemsee verdienen sich heute 18 hauptberufliche Fischer ihren Lebensunterhalt.

Industrie gibt es wenig, dafür eine schöne Landschaft, die häufig landwirtschaftlich genutzt wird. Einmal mehr waren es auch hier die Landschaftsmaler, die ab dem 19. Jahrhundert mit ihren Bildern die Gegend weithin bekannt machten. Seitdem ist der Chiemgau ein traditionelles Urlaubsgebiet. Charakteristisch für die Landschaft sind die vielen Gewässer, Flüsse und Seen, Hochmoore mit einer bemerkenswerten Fauna und der Blick auf die nahen Berge, von denen allerdings keiner die Zweitausendmetergrenze überschreitet. Am markantesten erhebt sich die Kampenwand (1668 m) über dem Tal. Traditionen und Brauchtum werden weithin hochgehalten. In den Dörfern finden Rastsuchende rustikale Wirtshäuser und Biergärten. Eine Besonderheit des Chiemgaus ist, dass zwei kulturelle Höhepunkte mitten im Wasser liegen. Auf der Insel Herrenchiemsee ließ König Ludwig II. sein traumhaftes Schloss erbauen und auf der benachbarten Insel Frauenchiemsee steht das Wahrzeichen des Chiemsees, das Kloster Frauenwörth.

*Nächste Doppelseite:
Chiemsee mit Fraueninsel*

*Maibaum in Übersee
am Chiemsee*

Herrenchiemsee

Als Ludwig II. 1873 das unvergleichlich schön gelegene „Herrenwörth", das heutige Herrenchiemsee erwarb, hatte die Insel eine bereits mehr als zwei Jahrtausende währende Geschichte hinter sich. Ab dem 13. Jahrhundert bis zur Säkularisation war die Insel Mittelpunkt eines Bistums, von dem heute noch das „Alte Schloss" und der „Inseldom" zeugen. Die schwärmerische Schwermut und der Drang nach Menschenferne hatten Ludwig zum Kauf der Insel im Chiemsee bewogen. Hier sollte endlich sein „neues Versailles" entstehen. In zwei Reisen nach Paris hatte der König von Schloss Versailles alle Einzelheiten studiert. In dem Bau des „Sonnenkönigs" Ludwig XIV. sah er die unübertreffliche Verwirklichung fürstlichen Glanzes, die er in einem eigenen Bauwerk nachzuahmen gedachte. Als er die Insel, Holzspekulanten zuvorkommend, kaufen konnte, bot sich endlich die Gelegenheit zur Erfüllung seiner langgehegten Pläne.

Mit der Planung des „Neuen Schlosses Herrenchiemsee" wurde Georg Dollmann beauftragt. Nach vielen Abänderungen und Erweiterungen konnte am 21. Mai 1878 der Grundstein gelegt werden. Trotz der großen Schwierigkeiten, die das Legen der Fundamente und der Transport der Baumaterialien über den See bereiteten, konnten die vom König dauernd zur Eile angetriebenen Bauleute bereits 1881 den Rohbau der gewaltigen Anlage fertigstellen.

Die Innenausstattung ist geprägt durch einen verschwenderischen Prunk, mit dem Ludwig sein französisches Vorbild noch zu übertreffen suchte. Aus ganz Europa ließ er die kostbarsten Baustoffe zusammentragen. Über vier Jahre zog sich

*Rechte Seite:
Das Königsschloss auf der Herreninsel im Chiemsee – erbaut vom bayerischen Märchenkönig Ludwig II.*

die Ausstattung des Treppenhauses, der Paradezimmer und der Wohnzimmer des Königs mit eingelegten Fußböden, geschnitzten Vertäfelungen, Stuckmarmorverkleidungen, mit Wand- und Deckengemälden, mit Skulpturen und kostbaren Möbeln hin. Allein die königliche Bettdecke für das Paradeschlafzimmer beschäftigte 20 Näherinnen sieben Jahre lang.

Hauptraum des Schlosses wurde die Große Spiegelgalerie, die sich in einer Ausdehnung von 98 Metern über die ganze Gartenfront des Gebäudes erstreckt. Beherrschendes Moment des Saales mit seinen raumhohen Fenstern auf der einen Seite und den Wandspiegeln auf der anderen sind die 44 Standleuchter und 33 großen Glaslüster. Wie mag es ausgesehen haben, wenn der Raum nachts im Licht von 2000 Kerzen erstrahlte!

Die Vorstellungen des Königs, wie er zu seiner Insel gelangen wollte, nämlich in einer Schwanengondel an einem Drahtseil in 50 Meter Höhe über dem See – natürlich bei bengalischer Beleuchtung – waren trotz größter Bemühungen der Konstrukteure schließlich doch nicht realisierbar. Insgesamt war Herrenchiemsee das ehrgeizigste und kostspieligste seiner Unternehmen. Nach 7-jähriger Bauzeit (1878-85), in der er den säumigen Architekten Dollmann gegen Julius Hofmann ausgetauscht und 16 Millionen Goldmark verbraucht hatte, meldete die Kabinettskasse Bankrott. Der Tod Ludwigs II. 1886 bedeutete schließlich das endgültige Aus für das Unternehmen. Ganze neun Tage hatte der König bis dahin in dem Schloss verbracht...

Innenhof des ehemaligen Klosters auf der Herreninsel

Der herrliche Schlosspark auf Herrenchiemsee ist mit zahlreichen Springbrunnen und Skulpturen geschmückt

Schloss Herrenchiemsee ist dem französischen Versailles nachempfunden

Blick aus der karolingischen Torhalle auf den achteckigen Turm aus dem 11. Jahrh., dem Wahrzeichen der Fraueninsel

Rechte Seite: Die Klostergebäude der Fraueninsel

Frauenchiemsee

Zwischen Herren- und Frauenchiemsee liegt die unbewohnte „Krautinsel", auf der lediglich ein Gemüsegarten für das Nonnenkloster auf „Frauenwörth", wie die zweite Insel noch genannt wird, angelegt ist. Im Vergleich zur 3,28 km2 großen „Herreninsel" ist die „Fraueninsel" mit 0,15 km2 winzig klein.

In der zweiten Hälfte des 8. Jahrhunderts gründete Herzog Tassilo III. (746-788), der letzte Agilolfinger, hier ein Nonnenkloster. Das uralte Kloster, seit den Karolingern ein Reichsstift, hatte bis zur Säkularisation 1803 Bestand, wurde dann aufgehoben, schließlich durch König Ludwig I. von Bayern 1837 jedoch wieder gegründet. Die Benediktinerinnenabtei Frauenchiemsee zählt zu den ältesten Klöstern Bayerns. Ein besonderes Schmuckstück ist das Münster von Frauenwörth, die um die Jahrtausendwende errichtete Kirche des Klosters.

Auf das 11. Jahrhundert geht der Bau des freistehenden Turmes zurück, der in späteren Jahren erhöht wurde und 1572 jene charakteristische Zwiebelhaube erhielt, die zum Wahrzeichen der Insel wurde. Aus der Barockzeit stammen die Altäre der Kirche, darunter der 1694 entstandene Hochaltar. In Fachkreisen berühmt geworden ist die Klosterkirche durch die erst 1954 entdeckten, von 1961 bis 1965 freigelegten und konservierten romanischen Wandgemälde, die zu den erlesensten Werken byzantinisch beeinflusster hochromanischer Freskenkunst aus dem Salzburger Umkreis um 1130 gehören.

Etwa 300 Menschen bewohnen das kleine Eiland, das in einer halben Stunde leicht zu Fuß umrun-

det werden kann. Neben der Klosteranlage gibt es ein kleines Dorf, das im Sommer mit überschwänglich blumengeschmückten Häusern zwischen alten Lindenbäumen aufwartet. Gewundene Fußpfade verbinden die Häuser, in oder vor denen nicht selten Töpferwaren feilgeboten werden. Eine Attraktion ist der Inselwirt mit Biergarten. Eine bemerkenswerte Flexibilität legten die Klosterschwestern an den Tag, als 1995 ihr traditionsreicher Schul-, Internats- und Kindergartenbetrieb wegen Unrentabilität geschlossen wurde. Sie rüsteten kurzerhand die Internatszimmer in Gästezimmer und die Klassenzimmer in Seminarräume um und organisieren heute u. a. Managerseminare, Kongresse oder Partei-Tagungen.

*Ganz oben:
Der Raddampfer
„Ludwig Fessler",
Baujahr 1926*

*Oben:
Die karolingische
Torhalle aus dem
9. Jahrhundert*

*Segelboote vor der
Fraueninsel*

*Rechte Seite:
Fraueninsel mit
Hochgern*

*Rechte Seite:
Kailbach mit der
Kampenwand*

Blaue Glockenblume

Rund um den See

Die beiden Inseln, eigentlich sind es mit der Krautinsel drei, liegen im Inselsee, wie der Westteil des Sees genannt wird, im Unterschied zum „Weitsee" des großflächigeren Ostteils. Eine Anzahl reizvoller Ortschaften liegt um den See: Angefangen mit der „Besiedlungsurzelle" Chieming am Ostufer folgen im Uhrzeigersinn Grabenstätt, Übersee, Bernau, Prien, Rimsting, Gstadt, Breitbrunn, Lambach und Seebruck. Um den gesamten See führt ein etwa 60 Kilometer langer Rundweg für Radler und Fußgänger. Während das südliche Ufer aus flachem Schwemmland besteht, das vom Geschiebe der Tiroler Ache stammt, kann der nordwestliche Uferabschnitt zwischen Gstadt und Lambach eher als Steilufer bezeichnet werden. Die Ablagerungen des ehemaligen Chiemseegletschers bildeten im Bereich zwischen Rimsting und Breitbrunn Hügel aus, die nach der Seeentstehung zu Halbinseln wurden.

Die Vielfalt der Geländeformen macht den Uferbereich zwischen der Prienmündung und Seebruck zum abwechslungsreichsten des gesamten Sees, wovon man sich am besten unter Zuhilfenahme eines Fahrrades überzeugen kann. Der Ausbau des Chiemsee-Radweges machte die Umrundung des Sees zu einer weithin beliebten Strecke, an Wochenendtagen im Sommer ist der Betrieb schon fast zu groß. Auch für Wanderungen zu Fuß ist der obengenannte Uferbereich, der natürlich in beliebige Teilstücke zerlegt werden kann, am lohnendsten. Ohne nennenswerte Steigungen verläuft der Weg entweder unmittelbar am Wasser entlang oder hinter dem Schilfgürtel, der vielen Vögeln und Wassertieren Schutz bietet. Wer Glück hat, kann neben Schwänen und Enten auch

Rechte Seite: Badestrand bei Gstadt mit Blick auf die Fraueninsel und Hochfelln sowie Hochgern

seltenere Wasservögel beobachten. Ruhige Badebuchten liegen am Weg, gelegentlich Streusiedlungen und bunte Yachthäfen, immer wieder eröffnen sich Ausblicke auf die Chiemseeinseln.

Stadeltor, wie man sie hier an alten Bauernhäusern noch manchmal findet.

Herbststimmung in Seebruck

Der Jachthafen in Seebruck

Seebruck

Die Brücke über die Alz gab dem Ort am nördlichsten Punkt des Sees seinen Namen. Die Römer, die hier ein Kastell errichteten, nannten den See „Lacus Bedaius". Eine von mehreren bedeutenden Römerstraßen, die den Chiemgau durchzogen, verband Salzburg mit Augsburg. Bei Seebruck war man gezwungen, eine Brücke über die Alz zu schlagen. Wer am Nordufer mit dem Auto unterwegs ist, benutzt auf langen Strecken genau die Trasse, die von den Römern am Beginn unserer Zeitrechnung festgelegt wurde. In Seebruck fand man neben Fundamenten römischer Villen viel Inventar, Schmuck und Geschirr aus jener Zeit. Ausgrabungsgegenstände aller Art können im interessanten Römermuseum nahe der Kirche betrachtet werden. Verfolgt man die Seestraße in Richtung Westen, kommt man am Ortsrand an einem hölzernen Gebäude vorbei, in dem sich das gut erhaltene Fundament einer Römervilla befindet. Bemerkenswerterweise verfügte die Villa bereits über eine Fußbodenheizung.

Der Klostersee mit dem Kloster Seeon

Bei Gstadt, im Hintergrund der Hochfelln und der Hochgern

Die Wildgänse sind nur zeitweilige Gäste am Chiemsee, wenn sie im Frühling in ihre nördlichen Brutgebiete ziehen

Schwertlilien

Lichtnelken

*Linke Seite:
Der Jachthafen
in Seebruck*

*Die beiden
Zwiebeltürme vom
Kloster Seeon*

Bach bei Seebruck

Großes Bild rechts: Panorama von Rimsting über den Chiemsee. Charakteristisch ist das gegliederte Nordufer mit den Inseln. Am Horizont erheben sich der Teisenberg, Hochstaufen und Zwiesel, sowie Rauschberg, Hochfelln und Hochgern.

Frühling an der Schafwascherbucht mit der Kampenwand

Die bunten Boote einer Segelschule

Prien am Chiemsee ist seit 1438 Markt. Unweit des Ortes mündet der Fluss Prien in den Chiemsee.

Rechte Seite: Winter am Chiemsee

Nächste Doppelseite: Sonnenuntergang bei Seebruck am Chiemsee

Umratshausen mit der Kampenwand

Chieming

Chieming am Ostufer des Chiemsees ist die Urzelle der Besiedlung seiner Ufer. In der weit geschwungenen Bucht finden sich die längsten zusammenhängenden Kies- und Sandstrände des Chiemsees. Bodenfunde beweisen, dass die Römerstraße Salzburg - Augsburg auch hier durchführte. Die Anhöhe, auf der die Pfarrkirche steht, hat den römischen Besatzern vordem schon als Bauplatz einer Zitadelle gedient. Als 1812 die alte St. Peterskirche abgetragen wurde, fand man Reste von römischen Grundmauern, die zum Teil sogar mit Inschriften versehen waren. Da sie aber der Pfarrer und auch nicht der Förster entziffern konnten, schenkte man ihnen keine weitere Beachtung. Im Glockenhaus der Pfarrkirche werden drei, dem Seegott Bedaius geweihte römische Altarsteine aufbewahrt.

Wenn man vom eigentlichen Ort, wo die Pfarrkirche mit dem spitzen Turm steht, zum Seeufer hinuntergeht, kommt man gleich nach dem Unterwirt zum Wasser.
Von hier bietet sich eine großartige Sicht über den Weitsee, wie man den östlichen Teil des Chiemsees nennt. Von kaum einer Stelle des Ostufers hat man auch einen schöneren Blick auf die Chiemgauer Berge einschließlich einiger Gipfel Tirols.

Chieming mit der Pfarrkirche

Das Seeufer bei Chieming

Der Uferweg in nördlicher Richtung führt am Schloss Chieming vorbei. Das einstige Schloss Neuenchieming war bis zum 17. Jahrhundert Sitz der Hofmarksherren.

Ein Schlossbesitzer, der gebürtige Augsburger und Jurist Dr. Niklas Riebeisen, kam zu riesigem Vermögen, als er in den Zeiten der Reformationsbewegung gegen die Protestanten vorging und wegen dieser Verdienste später vom Salzburger Erzbischof zur Beendigung des Bauernaufstandes 1525/26 engagiert wurde. Nachdem die Anführer der Bauern erbarmungslos zu Tode gebracht worden waren, erhielt Riebeisen zum Dank hochlukrative Beteiligungen am Salzhandel. Das Schloss diente bis 1965 als Pfarrhof, heute ist es in Privatbesitz.

Schloss Chieming

*Rechte Seite:
Das Schloss
Hohenaschau*

Die Chiemgauer Alpen

Die Chiemgauer Alpen umfassen die Voralpenberge zwischen der Saalach im Osten und dem Inn im Westen. Höchster Gipfel ist das 1961 Meter hohe Sonntagshorn. Ihre Ausdehnung ist beachtlich: 50 Kilometer in der Länge (Ost-West-Richtung) und 23 Kilometer in der Breite (Nord-Süd-Richtung). Nach Norden verlaufen die Chiemgauer Berge ins Flachland, aus dem sie oft ganz unmittelbar aufsteigen. Die Autobahn von München nach Salzburg kann mit ihrer Strecke von Reichenhall bis Rosenheim als nördliche Begrenzung angesehen werden.

Boote in der Schafwascherbucht, im Hintergrund die Kampenwand

Da der See einst bis zum Fuß der Berge reichte, breitet sich zwischen seinem Südufer und dem Gebirge eine großflächige Moorlandschaft aus. Die bekanntesten Gipfel, die auch die typische Chiemseesilhouette ausmachen, sind Hochfelln, Hochgern, Hochplatte und Kampenwand. Auf den Hochfelln (1674 m) und die Kampenwand (1668 m) führt jeweils eine Seilbahn. Die Talstation der Hochfellnbahn liegt in Bergen und führt über zwei Sektionen bis wenige Meter unter den Gipfel. Anders bei der Kampenwand: Ausgehend von der Talstation in Hohenaschau im Priental muss, wer auf dem Gipfel stehen will, die letzten 200 Meter von der Bergstation (1460 m) auf einem romantischen Steig zu Fuß bewältigen. Beide Gipfel bieten eine phantastische Aussicht ins Voralpenland auf der einen und ins Hochgebirge auf der anderen Seite.

Im Tal der Tiroler Ache, die bei Grabenstätt in den Chiemsee mündet, liegen einige der bekanntesten Fremdenverkehrsorte Bayerns. Wer kennt nicht Marquartstein, Unterwössen oder Schleching? Die letzten beiden Orte sind ideale Ausgangspunkte für eine Besteigung des Hochgern (1744 m). Die schön geformte Berggestalt entpuppt sich bei näherer Betrachtung bzw. bei einer Besteigung als mehrgipfeliger Bergstock. Zu Recht gilt er als einer der besten Aussichtsberge im Chiemgau. Bei günstigem Wetter kann man im Norden die Umrisse des Bayerischen Waldes erkennen. Im Süden liegt der Bogen der bayerischen und Tiroler Alpen ausgebreitet, von den Berchtesgadener Bergen über die Loferer Steinberge bis zum Wilden Kaiser und vielen anderen.

Abend auf der Kampenwand. Von hier oben hat man eine brillante Aussicht auf den gesamten Chiemsee.

Winter am Geigelstein mit dem zinnengekrönten Kaisergebirge

Rechte Seite:
Marquartstein mit der Hochplatte

Vom Hochgern überblickt man Unterwössen und das Tal der Tiroler Ache.
Am Horizont der Wilde Kaiser und die Kette der Zentralalpen.

*Steinplatte gegen
Kaisergebirge*

*Auf der
Winklmoos-Alm*

Reit im Winkl

Über Oberwössen und den Maserpass (780 m) kommt man nach Reit im Winkl (695 m). Der südlichste Ort des Chiemgaues liegt in einem breiten, sonnigen Tal an der Grenze zu Tirol. Die ausgesprochen schneesichere Gegend ist im Winter Austragungsstätte internationaler nordischer Skiwettkämpfe. Als Hauptursache des Schneereichtums gilt die ausschließlich in Richtung Westen gerichtete Öffnung des Tales, die Schneewolken regelrecht einfängt und festhält. In und um Reit im Winkl warten 400 Kilometer gepflegte Langlaufloipen. Für Nichtschifahrer werden kilometerlange Winterwanderwege geräumt.

Auch im Sommer hat der als heilklimatischer Kurort anerkannte Ort mit seinem typisch oberbayerischem Dorfcharakter eine Menge zu bieten: Tennis, Reiten, ein beheiztes Freibad, eine 18-Loch Golfanlage und zahlreiche Wanderwege.

Zur Zeit des Wiener Kongresses 1815, als sich die Staatsmänner Europas nach der Abdankung Napoleons versammelt hatten, war der Ort so unbekannt und unbedeutend, dass man ihn beinahe vergessen hätte, als Europa neu eingeteilt wurde. Man erzählt sich, dass Kurfürst Maximilian I. von Bayern, Kaiser Franz von Österreich und der Bischof von Salzburg in einem Kartenspiel entschieden, wem das abgelegene Reit im äußersten Winkel zwischen den drei Ländern gehören soll. Maximilian hatte das Glück, mit dem Schellenunter das Spiel für sich zu entscheiden. Diese Anekdote ist am Gasthaus Unterwirt, gleich neben der Pfarrkirche, als Gemälde festgehalten.

Die Hörndlwand

Winter in Reit im Winkl

Rechte Seite:
Reit im Winkl liegt
in einem sanften
Tal vor dem
Kaisergebirge

Nächste Doppelseite:
Der Weitsee mit der
Gurwand

Fährt man auf der Deutschen Alpenstraße in Richtung Ruhpolding, kommt man am Parkplatz Seegatterl vorbei. Im Sommer kann man von hier auf einer Mautstraße zur berühmten Winklmoosalm (1183 m) hochfahren, wo es sich bestens wandern lässt, z. B. zum höchsten der umliegenden Berge, dem Dürrnbachhorn (1776 m). Im Winter ist die Straße gesperrt, Pendelbusse bringen die Skifahrer hinauf zu den Liften auf der „Winklmoos", der Heimat von Rosi Mittermaier, die – unvergessen – 1976 bei den Olympischen Spielen zweimal Gold und einmal Silber für Deutschland gewann. Mit 13 Liftanlagen (stündliche Förderleistung 19 500 Personen!) und 50 Kilometern präparierten Pisten lässt das Skigebiet Winklmoosalm-Steinplatte (740-1870 m) keine Wünsche offen. Meist schon Ende November beginnt dort oben die Saison.

Die weitere Strecke von Seegatterl bis Ruhpolding durch das Naturschutzgebiet Chiemgauer Alpen mit dem Weit-, Mitter-, Löden- und Forchensee gehört zu den schönsten Teilstücken der Deutschen Alpenstraße. In dem Gebiet (bei Laubau) wurde übrigens am 24. 10. 1835 der letzte Bär in den Chiemgauer Alpen geschossen.

Im Bereich Weitsee, Lödensee und Mittersee findet der Langläufer ungezählte Möglichkeiten

*Der geheimnisvolle
Weitsee*

*Frühling am Lödensee
zwischen Ruhpolding
und Reit im Winkl*

Ruhpolding

Die beiden Orte bilden, zusammen mit Reit im Winkl, das sogenannte Chiemgauer Feriendreieck. Ruhpolding wurde wahrscheinlich im 9. und 10. Jahrhundert von den Bajuwaren von Inzell her besiedelt. „Miesenbachertal" (von mittelhochdeutsch Mies = Sumpf, Moor) nannte man den Talkessel damals. Ein möglicher Grund für die Besiedlung war, dass die Menschen in dem unwegsamen Waldtal Schutz vor den eindringenden Ungarn suchten.

Sie ließen sich nieder und betrieben Land- und Forstwirtschaft, die bis Ende des 19. Jahrhunderts die wichtigsten Erwerbszweige darstellten. Die erste urkundliche Erwähnung findet sich 924. Nach wiederholten Herrschaftswechseln kam das Gebiet 1275 zu Bayern. Ein herzogliches Amt wurde eingerichtet, schon 1424 wird die Taverne (heute „Hotel zur Post") erwähnt. 1467 ließ die Äbtissin von Frauenchiemsee zum Bau der dortigen Kirche Ruhpoldinger Marmor verwenden, der damals schon begehrt war. Das abgeschiedene Tal wurde bekannter, als ab 1529 die bayerischen Herzöge den Wildreichtum des Miesenbachtales erkannten und sich regelmäßig zur Jagd einfanden.

1619 wurde die Saline in Traunstein eröffnet. Holz- und Triftarbeit zur Versorgung der Sudpfannen mit Brennholz waren jahrhundertelang eine unverzichtbare Einkommensquelle der Miesenbacher Bauern. Im 16. und 17. Jahrhundert blühte zusätzlich der Bergbau am Rauschberg und Unternberg. Gefördert wurden Bleierz und Galmei. Aus der Zeit stammt das Schmelzwerk am Fuß des Rauschbergs, die heutige „Schmelz" zwischen Ruhpolding und Inzell. Sport wird großge-

Ruhpolding im Tal der weißen Traun mit dem Rauschberg links und dem Sonntagshorn in der Mitte

schrieben in Ruhpolding. Vor allem der Biathlonsport rückt Ruhpolding immer wieder ins Rampenlicht der Weltöffentlichkeit. Vier Weltmeisterschaften fanden bereits statt. Die Weltcuprennen, die jeweils im Januar veranstaltet werden, gehören zu den Highlights der Saison. Ruhpolding war eines der ersten Dörfer im Chiemgau, die sich für den Fremdenverkehr stark machten. Der von den Einheimischen zunächst nur zögerlich angenommene Nebenerwerb ist heute der bei weitem wichtigste Wirtschaftsfaktor.

Sehenswert in Ruhpolding sind die Kirchen, von denen die St. Georgs-Kirche die größte und schönste ist. Unbedingt empfehlenswert ist die Fahrt mit der Seilbahn auf den nahen Rauschberg (1671 m).

Der Wegweiser zeigt einige der vielen Wanderziele

Das große Wasserrad ist im Holzknechtmuseum zu bestaunen

Ruhpolding ist eines der beliebtesten Urlaubsziele im Chiemgau. Die Berge haben die richtige Höhe zum Wandern. Der Ort ist mit seinen schönen alten Häusern sehr gepflegt und urgemütlich. Alle erdenklichen Freizeiteinrichtungen machen den Urlaub angenehm.

Inzell – Einsiedel

Linke Seite: Dorfbrunnen und Maibaum im Zentrum von Ruhpolding

Kunstwerke, die der Frost zaubert

75

Inzell

Der Luftkurort und Wintersportplatz Inzell (700 m) liegt in einem weiten, an kleinen Gewässern reichen Tal. Die Berge ringsum erreichen Höhen bis knapp 1800 Meter.

Besonders bekannt wurde der Ort durch sein Bundesleistungszentrum für den Eisschnelllauf-Sport. Parallel zur Entwicklung der Anlage stiegen die Übernachtungszahlen steil an. Bemerkenswert ist die Vorgeschichte des Bundesleistungszentrums: Auf Inzeller Gemeindegebiet liegt der Frillensee (923 m), einer der kältesten Seen Deutschlands. Schon früh gab es Überlegungen, den 280 Meter langen und 165 Meter breiten See für eissportliche Aktivitäten in einem größeren Umfang zu nutzen, Bestrebungen, die aber regelmäßig an den harten Wintern mit viel Schnee scheiterten. Im Jahr 1959 wagte man einen neuen Versuch, den Frillensee als offizielles Trainings- und Wettkampfzentrum der Eisschnellläufer zu etablieren. Als am 8. November 1959 eine Kommission des Deutschen Eissportverbandes den See in Augenschein nahm, herrschte auf dem See mit blankem, 20 Zentimeter dickem Eis unter strahlend blauem Himmel bereits reger Schlittschuhbetrieb. Die internen Beratungen bei einer Brotzeit im nahen Wirtshaus Adlgaß ergaben: Antrag stattgegeben, unter der Voraussetzung allerdings, dass die Gemeinde den Weg zum See schneefrei zu halten und die Eispflege zu übernehmen habe. Was das bedeutete, war in der ersten Euphorie noch niemand klar. Das Gebiet ist schneereich und der Weg zum See dauert zu Fuß etwa eine Stunde! Dennoch: das Unternehmen Frillensee war ins Leben gerufen und wurde, allen Schwierigkeiten zum Trotz, vier Jahre lang aufrechterhalten.

Schon im Januar 1960 wurden vor mehreren tausend Zuschauern die bayerischen und deutschen Meisterschaften im Eisschnelllauf ausgetragen. Im selben Jahr wurde mit 204,5 Metern der Weltrekord im Eisstock-Weitschießen erzielt. Im Januar 1962 fielen in der Nacht vor der deutschen Meisterschaft 93 cm Neuschnee. Dank des unermüdlichen Einsatzes vieler freiwilliger Helfer die ganze Nacht hindurch konnte das Rennen dennoch stattfinden. Die zu oft herrschenden widrigen Umstände führten nach der deutschen Meisterschaft 1963 schließlich zur Aufgabe des Projekts Frillensee und zur Verlagerung der Aktivitäten auf Natureis am Gelände des heutigen Bundesleistungszentrums.

1965 feierte die erste Kunsteisschnelllaufbahn Deutschlands Premiere. Das mehrfach sanierte Stadion mit modernster Kältetechnik und Platz für 20 000 Zuschauer bewährte sich mittlerweile bei neun Weltmeisterschaften, mehreren Europameisterschaften und dutzenden von nationalen und internationalen Großveranstaltungen. Die 400 Meter lange Bahn um eine 30 x 60 Meter große Eisfläche im Zentrum ist in zwei Wettkampfbahnen und eine Trainingsbahn von je vier Metern Breite unterteilt. Hinsichtlich Technik, Funktionalität und Komfort genügen das Stadion wie auch die zusätzlichen Trainings- und Serviceeinrichtungen für die Athleten höchsten Ansprüchen. Seit 1966 wurden hier 83 Weltrekorde allein im Eisschnelllauf erzielt.

Nach Inzell führt durch die Weißbachschlucht eine eindrucksvolle Teilstrecke der Deutschen Alpenstraße ins Saalachtal. Gleich hinter Zwing können im Naturdenkmal „Gletschergarten" in der Würmeiszeit vom Saalachgletscher glattgeschliffene Felsen besichtigt werden. Es ist nicht mehr weit zum südöstlichsten Winkel Bayerns und der großartigen Hochgebirgswelt der Berchtesgadener Alpen. Die Weißbachschlucht ist das Nadelöhr des Zugangs dorthin von Nordwesten her.

Inzell mit dem Kienberg und dem Rauschberg

Siegsdorf

Traunstein

Östlich vom Chiemsee und dem „Chiemgauer Feriendreieck" nördlich vorgelagert liegt die Große Kreisstadt Traunstein. Über die Entstehung des Namens geht die Sage, dass in alten Zeiten ein Fuhrmann mit schwerer Fracht durch eine Furt der Traun wollte. Als der Wagen in der Mitte des Flusses nicht vor- und zurückging, fing der Mann, als man in Haslach gerade zum Gebet läutete, zu fluchen an: „Ich wollte, dass doch alles gleich zu Stein werde!" – und sogleich waren Ross und Mann und Wagen in einen großen Stein verwandelt, dessen Überreste noch heute als Traunstein an jener Stelle zu sehen sind. Der markante Felsblock unweit der Traun an der östlichen Ortseinfahrt beflügelte die Phantasie der Menschen immer schon. Tatsächlich weisen der Flussname „Traun" zusammen mit dem für Burgen und feste Plätze stehenden „Stein" weder auf einen versteinerten Fuhrmann, noch auf ein sonstiges Ereignis hin, sondern lediglich auf eine Burg oder Siedlung an der Traun.

Zwar finden sich in Güterverzeichnissen der Salzburger Kirche von 790 Hinweise auf Besitzungen in der Nähe von Traunstein, über die Frühgeschichte der Siedlung ist jedoch wenig bekannt. Die erste ausdrückliche Erwähnung findet der Ort als „Trauwenstain" 1245. Ab 1275 fällt der bis dahin dem Erzbistum Salzburg zugehörige Chiemgau und somit auch Traunstein an die seit 1180 in Bayern regierenden Wittelsbacher.

Die Lage nahe der Grenze zum Erzstift Salzburg auf einer Anhöhe über der Traun am Flussübergang der wichtigen Salzhandelsroute von Reichenhall nach München machte die Siedlung für

*Rechte Seite:
Die Stadt Traunstein
mit Hochfelln und
Hochgern*

Der Stadtplatz in Traunstein mit dem alten Lindlbrunnen und dem wiedererbauten Jaklturm, der früher auch als Salzburger Tor bezeichnet wurde

Die Fassade der Marienapotheke

Die Ludwigsstraße

die neuen Machthaber höchst interessant. Sie wurde ausgebaut und mit einer Wehranlage versehen. Die Bedeutung des Ortes wuchs, als 1617 von Reichenhall eine Soleleitung hierher verlegt wurde, bis 1910 stand die Saline Traunstein in Betrieb.

Salz, das „weiße Gold", war für den Ort, dem 1375 das Stadtrecht bestätigt wurde, bis ins Mittelalter der mit Abstand bedeutendste Wirtschaftsfaktor. Von den Gräueltaten des 30-jährigen Krieges blieb Traunstein weitgehend verschont, nicht aber von der Pest, die 1635/36 wütete. 1704 zündeten ungarische Panduren die Stadt an, 1851 legt ein noch verheerenderer Brand fast die ganze Stadt in Schutt und Asche. Enormer Fleiß der Bürger ermöglicht den Wiederaufbau innerhalb weniger Jahre trotz einer Choleraepidemie.

Etwa 18 000 Menschen leben heute in Traunstein, das 14 000 Arbeitsplätze, vornehmlich in den Bereichen mittelständisches Handwerk und Gewerbe, Schule und Verwaltung sowie moderne Dienstleistungen anbietet – als historisch gewachsenes Zentrum des Chiemgaus.

Eine der Einkaufsstraßen Traunsteins ist die Bahnhofstraße, die geradewegs ins Stadtzentrum führt

Berchtesgadener Land

Berchtesgadener Land – dazu gehört zunächst das Gebiet der einstigen Fürstpropstei rings um den Markt Berchtesgaden mit den bekannten Gemeinden Ramsau, Schönau am Königssee, Bischofswiesen und Marktschellenberg. Ferner zählen dazu der Nationalpark Berchtesgaden mit Watzmann und Königssee, der Obersalzberg, aber auch die Kurstadt Bad Reichenhall – alles Ziele in einer großartigen Gebirgslandschaft. Die Nähe zur Mozartstadt Salzburg macht einen Besuch beinahe verpflichtend.

Bad Reichenhall

Eine knappe halbe Autostunde von Berchtesgaden entfernt liegt in einem weiten, windgeschützten Talkessel, durchflossen von der Saalach und umgeben von Staufen, Zwiesel, Müllnerhorn, Lattengebirge und Untersberg das bayerische Staatsbad. Nach Nordosten öffnet sich das Talbecken zum Alpenvorland hin. Funde lassen auf eine Besiedlung des Talkessels schon zur Stein- und Bronzezeit (vor 4000 Jahren) schließen. Die Geschichte Reichenhalls ist die Geschichte seines Salzwesens (reich-an-hall = keltisch: reich an Salz). Als die Römer nach ihrem Zug über die Alpen dorthin kamen, fanden sie bereits beachtliche Siedeanlagen vor, die sie weiter ausbauten und darüber hinaus Salzstraßen errichteten, über die ein reger Handel mit dem damals kostbaren „weißen Gold" geführt wurde. Im Mittelalter wurde der Ort zuerst von den Salzburger Erzbischöfen, später den bayerischen Herzögen beherrscht. Die Geschichte der Stadt ist geprägt durch Brandkatastrophen und Saalachhochwasser. 1196 wur-

Bad Reichenhall, eine kleine Stadt, doch ein großes Heilbad, eingerahmt von majestätischen Bergen und durchflossen von der Saalach

de sie erstmals anlässlich einer Strafaktion des Salzburger Erzbischofs niedergebrannt.

Weitere Großfeuer, denen jeweils fast die ganze Stadt zum Opfer fiel, entstanden durch Unachtsamkeit oder gingen von den (Sole-)Siedeanlagen der Saline aus. Verheerende Hochwasser der Saalach zerstörten immer wieder die oberhalb der Luitpoldbrücke („Salzburger Wehr") gelegenen Triftanlagen, von wo das von weither getriftete Salinenbrennholz über ein aufwändiges Kanalsystem (von dem heute nichts mehr übriggeblieben ist) zu den Holzlagerplätzen in der Stadt geleitet wurde. Der Übel nicht genug, forderte auch die Pest im 16. und 17. Jahrhundert ihre Opfer.

Nach der letzten Brandkatastrophe von 1834 etablierte sich der Ort als Kurort. Seine heutige Bedeutung verdankt Reichenhall, das sich seit 1890 Bad und seit 1899 Staatsbad nennen darf, den Solequellen des Lattengebirges. Unter dem Gruttenstein, im sogenannten Quellenbau, entspringen dicht beieinander 22 natürliche Solequellen mit bis zu 24% Salzgehalt. Vor allem diesen verdankt die Stadt mit ihren 18 500 Einwohnern ihren Weltruf als Spezialbad für Erkrankungen der Atmungsorgane (besonders Asthma und chronische Bronchitis) sowie des rheumatischen Formenkreises. Neben der Reichenhaller Quellsole kommen Öle und Extrakte der in den umliegenden Bergen wachsenden Latschenkiefer zur Anwendung. Eine Vielzahl von Kurmittelhäusern und Sanatorien stehen für Anwendungen bereit.

Der Kurpark von Bad Reichenhall

In Weißbach an der Alpenstraße wird ein Maibaum aufgestellt

Der Thumsee zwischen Inzell und Bad Reichenhall

Rathaus

Kurpark

Sehenswert ist die alte Saline, wo im Quellenbau unter dem Hauptbrunnhaus die Solequellen sprudeln (Führung und Salzmuseum), das Gradierwerk mit Solebrunnen im Kurgarten, die Altstadt um den Florianiplatz, der Rathausplatz und die großzügige Fußgängerzone, das Heimatmuseum und einige Kirchen, besonders das Münster St. Zeno und die Pfarrkirche St. Nikolaus. Im 1988 erbauten Kurgastzentrum findet der Gast neben der Staatlichen Kurverwaltung u. a. ein Spielkasino und einen Theatersaal.

Auf jeden Fall einen Besuch wert ist die Predigtstuhlbahn, die 1927/28 als eine der ersten Seilbahnen Deutschlands überhaupt gebaut wurde. Sechs Millionen Gäste beförderte sie seitdem in $8^{1/2}$ Minuten zur 1583 Meter hoch gelegenen Bergstation mit dem angebauten Hotel im Stil der 30er Jahre. Ungemein eindrucksvoll ist der Blick von dort oben: Auf der einen Seite tief unten liegt der Reichenhaller Talkessel, den der Hochstaufen und Zwiesel gegen das Alpenvorland hin abgrenzen, im Süden ragen die gewaltigen Felsmassive der Berchtesgadener Alpen auf. In der näheren Umgebung von Bad Reichenhall sind 150 Kilometer gut markierte Wanderwege angelegt, der Thumsee bietet eine der schönsten natürlichen Bademöglichkeiten weit und breit. Sehenswert ist der Seerosenteich („Seemösl") am östlichen Seeende.

Rechte Seite:
Das Reichenhaller Haus
auf dem Hochstaufen
mit Blick auf Piding,
die Autobahn und
Salzburg

Berchtesgaden

Vor der einmaligen Kulisse der Berchtesgadener Alpen mit dem Watzmann liegt in einer Höhenlage zwischen 540-600 Meter der Markt Berchtesgaden. In der 900-jährigen Geschichte des Berchtesgadener Landes hat der Ort seine Tradition als Mittelpunkt bewahrt und das schöne Ortsbild weitgehend erhalten. Das autofreie Zentrum wartet mit schmucken alten Häusern, Straßen und Plätzen ebenso wie großzügigen Bürgerhäusern und prunkvollen Kirchen auf. Der Ort an der Ache mit seinen 7800 Einwohnern und dem nach wie vor ergiebigen Salzstock ist nicht nur Touristenmagnet, sondern auch heilklimatischer Kurort.

Die ringsum liegenden Flusstäler von Saalach und Salzach waren schon lange besiedelt, als sich am Anfang des 12. Jahrhunderts vier Augustinerchorherren aus dem Kloster Rottenbuch im Ammergau aufmachten, um im Auftrag des Grafen Berengar von Sulzbach (bei Amberg) in dem unerschlossenen Gebirgstal dort ein Kloster zu gründen. Nach beträchtlichen Anfangsschwierigkeiten entstanden schließlich ein Klostergebäude und eine Kirche, die 1122 geweiht wurde. Die Urzelle Berchtesgadens war geschaffen. Die Mönche riefen Siedler ins Land, denen Grund und Boden als „Lehen" (= geliehen) gegen Abgabe eines erheblichen Teils der erwirtschafteten Erträge zur Verfügung gestellt wurde. Nach der Gründung dauerte es nur weniger als zwei Jahrhunderte, bis sich das winzige Klosterland zu einem eigenständigen Kirchenstaat („Fürstpropstei Berchtesgaden") entwickelt hatte, dessen Landesherr (der „Propst") alle denkbaren Befugnisse, die sonst nur dem Kaiser zukamen (Forst-, Jagd-, Bergrecht etc. einschließlich der vollständigen Blutgerichtsbarkeit) innehatte.

Im Gegensatz zu den meistens aus adeligen Familien stammenden Kapitularen, die das spartanische Klosterleben bald aufgaben, darbte die bäuerliche Bevölkerung über Jahrhunderte. Spärliche Erträge aus Ackerbau und Viehzucht bildeten zunächst die Existenzgrundlage, bis sich aus der Salzproduktion zusätzliche Erwerbsmöglichkeiten ergaben. Ab dem 15. Jahrhundert schließlich lebten große Teile der Bevölkerung mehr schlecht als recht von Einkommen aus der Fertigung von „Berchtesgadener War", deren in Heimarbeit hergestellte Artikel – Holzspielsachen, Krippenfiguren, bemalte Spanholzschachteln etc. – in ganz Europa Abnehmer fanden. Die 700-jährige Geschichte des Klosterstaates ist geprägt einerseits durch das dauernde Gerangel seiner großen Nachbarn Salzburg und Bayern um das Berchtesgadener Salz, andererseits durch die andauernde Armut und Isoliertheit seiner Einwohner.

Rechte Seite: Blick vom Lercheck auf Berchtesgaden mit Watzmann und Hochkalter

Das winterliche Berchtesgaden mit dem Untersberg

Kurgarten Berchtesgaden mit Watzmann

Der Zusammenbruch des tausendjährigen „Heiligen Römischen Reiches Deutscher Nation" bedeutete für Berchtesgaden 1803 die Aufhebung seiner Eigenstaatlichkeit. Viermal musste Berchtesgaden in den nächsten sieben Jahren die Herrschaft wechseln, bis es 1810 endgültig zu Bayern kam. Zu Beginn des 19. Jahrhunderts erlebte Berchtesgaden einen Wandel wie nie zuvor in seiner jahrhundertelangen Geschichte. Das Ende des Klosterstaates durch die Säkularisation 1803 schuf die Voraussetzungen zu einer längst überfälligen Entwicklung in dem bis dahin beinahe völlig isolierten Land: der Öffnung nach außen. (Bergsteigende) Naturwissenschaftler, Maler und Schriftsteller waren die ersten, die von Salzburg her den bis dahin weitgehend unbekannten Talkessel unter dem Watzmann aufsuchten. Ihre Berichte und Bilder von wunderbaren Landschaften machten Berchtesgaden in kurzer Zeit weithin bekannt.

Bald ging es steil bergauf mit den Gästezahlen und immer mehr Einheimische fanden im Tourismussektor Arbeit.

Ein dunkles Kapitel der deutschen Vergangenheit ist mit dem nordöstlich von Berchtesgaden gelegenen Obersalzberg verbunden. Nachdem Adolf Hitler den Reiz des vormaligen Luftkurortes entdeckt hatte, entstand ab 1933 dort eine Macht- und Schaltzentrale des Dritten Reiches, das am

25. April 1945 von Bomben der Alliierten zerstört wurde.

Nach dem Krieg stiegen die Gästezahlen in Berchtesgaden bald wieder an. Heute leben die meisten Berchtesgadener direkt oder indirekt vom Tourismus.

Oft wurden die landschaftlichen Sehenswürdigkeiten des Landes überschwänglich gelobt. „Festspiele der Natur" lautet der neue Slogan der Fremdenverkehrswerbung in Berchtesgaden. Man könnte wirklich keinen besseren finden! Es ist, als ob die Natur noch einmal so richtig ins Füllhorn gegriffen hätte in diesem von Hochgebirge umgebenen südöstlichsten Winkel Bayerns. Gewaltige Gebirgsstöcke mit zackigen Graten neben gemäßigten Plateaubergen, steile Wände aus Plattenkalk, schroff und haltlos, neben schrofig-grünen Gebirgsflanken, die höchste Wand der Ostalpen (Watzmann-Ostwand), der nördlichste Alpengletscher (Blaueis am Hochkalter), reizvolle Täler, grün wie das von Maria Gern, oder von Schuttströmen ausgefüllt wie das zwischen gewaltige Wände eingebettete Wimbachtal, dazwischen Gewässer mit ganz unterschiedlichem Charakter: muntere Achen, der fjordartige Königssee, der dunkle Obersee, der romantische Hintersee sowie einige über 1500 Meter hoch gelegene eiskalte Gebirgsseen. Den Besucher erwartet mit der Schellenberger Eishöhle im Untersberg die größte Eishöhle Deutschlands, die

Feldkasten beim Marxenlehen mit Blick auf Berchtesgaden und Watzmann

*Berchtesgaden:
Die Stiftskirche und
der Schlossbrunnen*

Jennerbahn (1874 m) ermöglicht mühelose Einblicke in die gewaltigen Felswüsten des Hagengebirges und Steinernen Meeres, ins Salzbergwerk fährt man rittlings auf der Grubenbahn ein zu den unermesslichen Salzstöcken des Haselgebirges. Die Rossfeld-Höhenringstraße bietet auf der Scheitelstrecke herrliche Panoramablicke bis weit ins Salzkammergut und über den Berchtesgadener Talkessel, auf den Kehlstein bringen Busse die Gäste zum ehemaligen Teehaus Hitlers, das heute ein komfortables Bergrestaurant ist.
Historische Kirchen und Museen erwarten die Besucher.
Neben Berchtesgaden gibt es noch vier weitere Gemeinden im Talkessel unter dem Watzmann: Schönau am Königssee, Ramsau, Bischofswiesen und Marktschellenberg.

*Die Ramsau bei
Berchtesgaden mit
der Reiteralpe*

Berchtesgadener Alpen

Berchtesgadener Alpen: So wird die zu den Nördlichen Kalkalpen zählende Hochgebirgsregion genannt, die weit über das eigentliche Berchtesgadener Land und die Landesgrenze hinaus noch ein gutes Stück ins Salzburger Land hineinreicht. Zu den „Berchtesgadenern", wie sie unter Bergsteigern genannt werden, gehören jene neun Gebirgsstöcke, die im Westen von der Saalach, im Osten von der Salzach begrenzt werden und die im Norden fast bis zur Stadt Salzburg heranreichen. Die südliche Begrenzung bildet in etwa die Linie Saalfelden (nahe dem Zeller See) - Dienten - Mühlbach am Hochkönig. Die Hauptgebirgsstöcke bilden das Watzmannmassiv im Zentrum, welches kranzförmig umgeben ist von Lattengebirge, Untersberg, Göllstock, Hagengebirge mit Steinernem Meer, Hochkönigstock, Hochkaltergebirge und Reiteralpe (Reiteralm). Insgesamt nimmt die Höhe der Berge von Süden nach Norden hin ab. Den höchsten Punkt bildet auf österreichischem Gebiet der von einem Plateaugletscher („Übergossene Alm") bedeckte Hochkönig (2941 m), das Lattengebirge nahe Bad Reichenhall erreicht nur mehr 1700 Meter. Der höchste Gipfel auf ausschließlich deutschem Gebiet ist die Mittelspitze des Watzmanns mit 2713 Metern.

Der größte Teil der Berge gehört einem Nationalpark an, der 1978 von der Bayerischen Staatsregierung gegründet wurde. Der „Alpenpark Berchtesgaden" (Vorfeld des Nationalparks) entspricht ziemlich genau dem Staatsgebiet der ehemaligen Fürstpropstei Berchtesgaden und hat mit 46 000 ha eine für Mitteleuropa durchaus respektable Größe. Der eigentliche Nationalpark ging aus dem ehemaligen Naturschutzgebiet Königssee

hervor und umfasst 21 000 ha. Zur Kernzone gehören die Reiteralpe, das Hochkaltergebirge, der Watzmann- und Göllstock, das Hagengebirge und das Steinerne Meer einschließlich der dazwischenliegenden Täler des Klausbachs, Wimbachs und des Königssees. Hier hat der Naturschutz absoluten Vorrang. Die Natur bleibt ohne Eingriffe sich selbst überlassen, sämtliche Tiere und Pflanzen sind geschützt.

Der Watzmann

Der berühmteste Berg der Berchtesgadener Alpen ist zweifellos der Watzmann.
„Einst herrschte im Berchtesgadener Land ein

Am Untersberg. Rechts der Berchtesgadener Hochthron, am Horizont sind der Watzmann und das Steinerne Meer zu sehen.

Linke Seite: Der Watzmann vom Steinernen Meer aus betrachtet

Rechte Seite: Eines der großen Ziele aller Bergsteiger ist die Überschreitung des 2713 m hohen Watzmanns. Auf dem Bild sieht man die Südspitze mit der berüchtigten Ostwand.

König gewalttätig über sein Volk. Er verachtete das Gute, liebte nur die Jagd, und seine Untertanen zitterten, wenn sie den Lärm der Hörner, das Gebell der Hunde und das Stampfen der Rosse hörten. Bei Tag und Nacht brauste die wilde Jagd durch die Wälder und Klüfte, verfolgte das Wild und vernichtete die Saat. Eines Tages erschien der König auf einer Waldlichtung, wo eine Herde weidete. Vor einer Hütte saß die Hirtin, ihr schlafendes Kind im Arm. Neben ihr lag der Wachhund. Da warfen sich des Königs Rüden auf den Hirtenhund und rissen gleichzeitig die schreckensstarre Frau zu Boden. Als der herbeigeeilte Hirte auf die jaulende Meute einschlug, hetzte der König wutentbrannt seine Knechte und Hunde auf den Hirten, der wie sein Weib und sein Kind von der Meute zerrissen wurde. Da erhob sich ein dumpfes Grollen und ein fürchterliches Gewitter ging nieder. Seitdem stehen der König und seine Familie zu kaltem Fels erstarrt hoch über dem Land, das sie vormals so grausam regierten."

So lautet die bekannte Sage zur Entstehung des höchsten Berges um Berchtesgaden.

Vom Markt aus zeigt er sich in seiner markantesten Form mit seinen ungleich hohen Gipfeln, die rechts mit dem Hocheck (2653 m) – dem ersten Gipfel des in südwestlicher Richtung über die Mittelspitze (2713 m) zur Südspitze (2712 m) ziehenden Watzmanngrates – und links mit dem Kleinen Watzmann (2307 m, „Watzmannfrau") ein breites Kar („Watzmannkar") begrenzen. Im Kar fallen fünf Felszacken auf: die sogenannten Watzmannkinder. Der schmale Hauptkamm bricht nach rechts ins Wimbachtal, nach links ins Watzmannkar, jenseits der Mittelspitze in die berühmtberüchtigte Watzmann-Ostwand ab. Von Berchtesgaden aus betrachtet, geben die nach beiden Seiten gleichmäßig abfallenden Flanken dem Watzmann seine charakteristische Form. Der Watzmannstock bietet eine Fülle von Tourenmöglichkeiten bis zum extremen Klettern. Als Stützpunkte stehen drei bewirtschaftete Schutzhütten zur Verfügung: Hauptstützpunkt ist das Watzmannhaus (1928 m) der Alpenvereinssektion München am Nordosthang des Hochecks. Dem Kleinen Watzmann nordöstlich vorgelagert steht die Kührointhütte (1420 m), ein beliebtes Ziel für Tagesausflüge. An den Südwestfuß der Südspitze schmiegt sich noch die Wimbachgrieshütte (1327 m). Eine Besteigung des Watzmann-Hochecks als Zwei-Tagestour mit Übernachtung im Watzmannhaus stellt für trittsichere Bergsteiger kein großes Problem dar (Gesamtgehzeit 6-7 Std.). Die Gratüberschreitung zur Südspitze sollten nur wirklich Geübte in Angriff nehmen!

Eine prächtige Aussicht auf den schroffen Watzmann auf der einen Seite und den Berchtesgadener Talkessel auf der anderen bietet der dem Berg wie eine Aussichtskanzel vorgelagerte Grünstein (1304 m).

Königssee

Der Königssee ist eine der Hauptattraktionen des Berchtesgadener Landes, ja ganz Bayerns.
Gleich einem Fjord ist der an die acht Kilometer lange und bis zu eineinhalb Kilometer breite See zwischen die gewaltig aufsteigenden Felswände des Watzmanns, des Hagengebirges und des Steinernen Meeres eingebettet. Die Tiefe beträgt bis zu 189 Meter. Wegen dieser Tiefe und weil er hauptsächlich von unterirdischen Quellen gespeist wird, bleibt das Wasser auch im Sommer ziemlich kalt. Der See verdankt seine Entstehung Gletschern der Eiszeit, die die bereits vorher vorhandene Senke tief ausfrästen. Als das Eis zurückging, sammelte sich das Schmelzwasser in dem Tal. Im Gebiet der heutigen Saletalm kam der Rückzug des Gletschers vor etwa 10 000 Jahren vorübergehend zum Stillstand. Es bildete sich ein Damm aus Moränenschutt, der durch Bergstürze noch vergrößert wurde. Im Becken hinter dem Geröllwall bildete sich nach dem vollständigen Abschmelzen des Eises der Obersee.

Der klangvolle Name „Königssee" geht zurück auf einen Regenten zur Gründungszeit der Berchtesgadener Fürstpropstei: Chuno von Horburg. Nach ihm wurde der See zunächst als „Chuni-See" bezeichnet. Aus den Abwandlungen „Kuno-" bzw. „Kunigessee" wurde später Königssee. Bis zum Jahr 1909 waren grün-weiß gestrichene Flachboote die einzigen Beförderungsmittel. Heute werden die Besucher mit eigens für den Königssee gefertigten Elektromotorbooten transportiert. Die Boote verursachen keine Wasserverschmutzung, so dass dem See bis heute Trinkwasserqualität bescheinigt werden kann. Die Fahrt ist ein Erlebnis. An der Echowand löste früher der Knall

Das sonst selten gewordene Edelweiß kommt im Berchtesgadener Land noch häufig vor

*Rechte Seite:
Der Königssee mit
St. Bartholomä
und der Watzmann-
Ostwand*

Rechte Seite: Das Wimbachtal

eines Böller- oder Pistolenschusses ein siebenfaches Echo aus. Heute bläst ein Mitglied der Schiffbesatzung eine Melodie auf dem Flügelhorn. Die Töne werden von den Steilwänden ein- bis zweimal zurückgeworfen. Immer näher kommen die schindelbedeckten, roten Zwiebeltürmchen der Kirche von St. Bartholomä, die zweifellos zu den bekanntesten Sehenswürdigkeiten des Berchtesgadener Landes zählt. Schon 1134 stand auf der in den See ragenden Landzunge eine kleine, nach einer alten Urkunde als „Basilica Chunigesse" bezeichnete Kapelle. Neben der Stiftskirche war diese die älteste Kirche des Berchtesgadener Landes. Im Hintergrund baut sich die beinahe 2000 Meter hohe Watzmann-Ostwand auf, eine Verlockung für jeden Kletterer. Seit der Erstbegehung am 6. Juni 1881 forderte die Wand an die 100 Menschenleben.

Göll und Brett spiegeln sich im Hintersee

Nahe der Kirche mit dem Jagdschloss, das seit 1919 als Gaststätte dient, stehen neben der Schiffshütte am See dort nur noch ein Fischer- und ein Forsthaus. Obwohl die Halbinsel von St. Bartholomä zu den meistbesuchten Ausflugszielen in Bayern zählt, hat sie doch vieles von ihrer Ursprünglichkeit bewahrt. Hotels oder andere Übernachtungsgelegenheiten gibt es in Bartholomä nicht. Sogar der Großteil der dort Beschäftigten fährt nach getaner Arbeit über den See nach Hause. Einen Landzugang nach Bartholomä außer über mehrstündige Steige über die Berge gibt es nicht. Zu steil sind die Ufer des Sees.

Von Salet, der Endstation der Königsseeschifffahrt, erreicht man in 10 Minuten den viel kleineren Obersee. 1200 Meter lang und 500 Meter breit liegt er 11 Meter höher als der Königssee. Ein schmaler Wasserlauf verbindet die beiden Seen.

Die neue Serie von Werner Mittermeier und Albert Hirschbichler

1 Die Landeshauptstadt München, Lindau im Bodensee, Kempten und das Allgäu bis Füssen. Höhepunkte sind die Schlösser des Märchenkönigs Ludwig II. Hohenschwangau, Neuschwanstein und Linderhof sowie die Wieskirche.
ISBN: 3-927957-82-8

2 Garmisch-Partenkirchen, Mittenwald und die Zugspitze, die landschaftlichen Höhepunkte um den Walchen- und Kochelsee, eine Reise durch das Isartal und den Sylvensteinspeicher bis Lenggries.
ISBN 3-927957-83-6

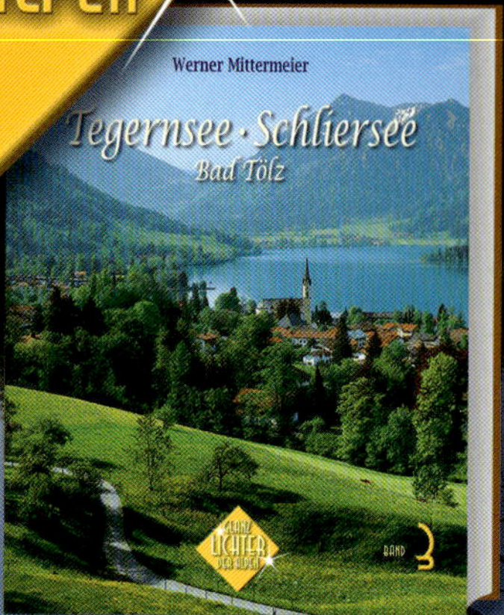

3 Das Tölzer Land mit Tegernsee und Schliersee, Rottach-Egern, Bad Wiessee, Spitzingsee, Fischbachau und Bayrischzell im schönen Leitzachtal.
ISBN 3-927957-84-4

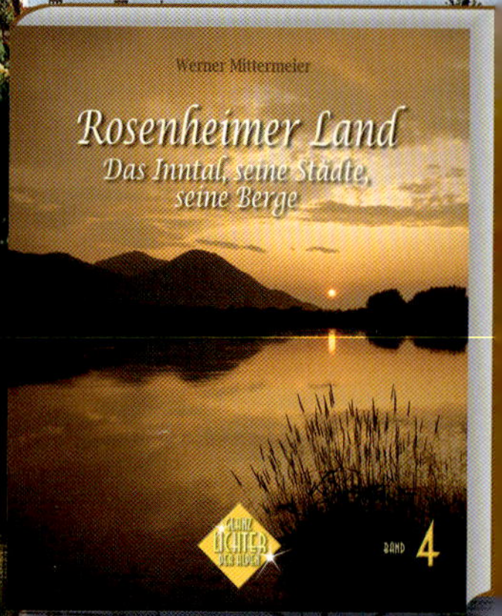

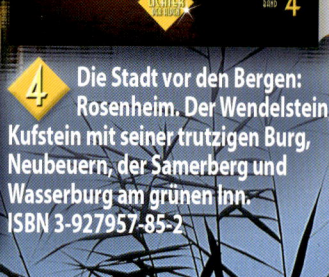

4 Die Stadt vor den Bergen: Rosenheim. Der Wendelstein, Kufstein mit seiner trutzigen Burg, Neubeuern, der Samerberg und Wasserburg am grünen Inn.
ISBN 3-927957-85-2

5 Das bayerische Meer: der Chiemsee, die Gebirgsorte Ruhpolding, Inzell, Reit im Winkl und Unterwössen, Berchtesgaden mit dem Königssee und Watzmann.
ISBN 3-927957-86-0

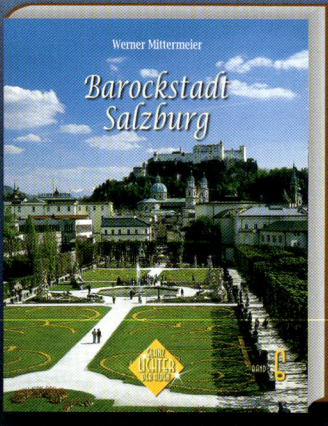

6 Die Sehenswürdigkeiten der Stadt Salzburg mit der Festung Hohensalzburg, die Salzach und die umliegende Gebirgswelt mit dem höchsten Berg Österreichs: dem Großglockner.
ISBN 3-927957-87-9

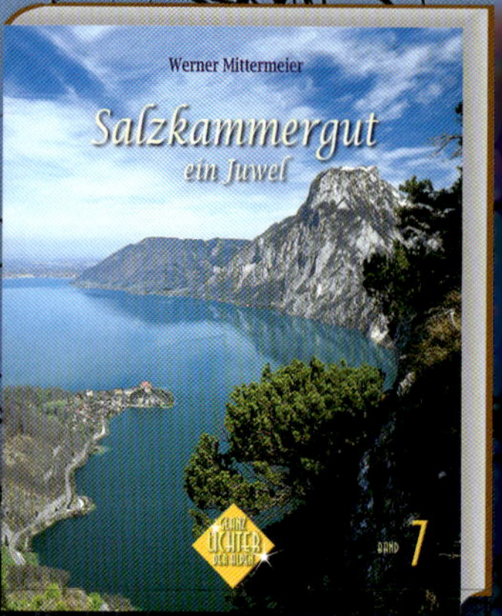

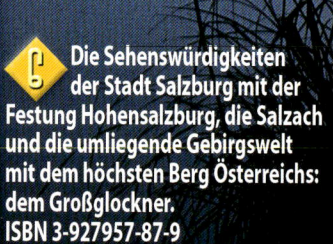

7 Die herrliche Seenwelt mit dem Wolfgangsee und Bad Ischl, eingebettet in eine faszinierende Gebirgslandschaft. Die Gegend von Hallstatt, der Gosausee und der Dachstein, das Ausflugs- und Urlaubsland östlich von Salzburg bis ins Ausseer Land in der Steiermark.
ISBN 3-927957-88-7

Hervorragendes Bildmaterial und beste Ausstattung zum günstigen Preis: 104-seitige Bildbände im Format 21 x 25 cm   *je 14,80 €*

Die angebotenen Bücher sind nur ein Teil unseres Programms. Besuchen Sie uns im Internet!
Verlag Anton Plenk · 83471 Berchtesgaden · Postfach 2147 · Tel. 0 86 52/44 74 · Fax 6 62 77
www.plenk-verlag.com · E-Mail: plenk-verlag@t-online.de